Ludovic Carrau

L'Origine des croyances relatives à la vie future

Essai

ISBN : 978-1542710282

10 9 8 7 6 5 4 3 2 1

Ludovic Carrau

L'Origine des croyances relatives à la vie future

Essai

Table de Matières

Introduction

Dans la science comme dans la politique, notre époque est décidément peu clémente aux prétentions du droit divin. Il n'y a pas bien longtemps encore, peu de gens contestaient que l'homme n'eût été établi par Dieu même souverain de tous les êtres qui l'entourent : l'origine sacrée de cette royauté rencontre aujourd'hui de véhéments et nombreux adversaires. Pour en rechercher les titres, on fouille curieusement les archives du genre humain ; on éventre les cavernes à ossements de la Dordogne et des Pyrénées, les tas de coquillages des côtes du Danemark, les *tumuli* de partout ; on bouleverse les couches du diluvium, des terrains quaternaires et tertiaires, et l'on ne trouve plus, nous dit-on, à la place de l'Adam biblique ; rayonnant de beauté, d'intelligence, qu'un troglodyte microcéphale, aux appétits de brute, sans famille, presque sans langage, condamné, pour ne pas périr, à une lutte de tous les instants contre les grands pachydermes, et tenant sa royauté précaire d'un couteau de silex ou d'un harpon d'os. Puis, à défaut de documents positifs, on remonte par l'induction dans un passé encore plus lointain, et l'on nous montre, aux derniers âges de l'époque secondaire, quelques singes, plus heureux ou plus avisés que les autres, prenant lentement l'habitude de la station droite, et, grâce à quelque privilège fortuit de leur organisation cérébrale, transformant en sons articulés, symboles de la pensée naissante, les cris rauques qui n'avaient traduit jusque-là que de bestiales sensations. Quant à cette noblesse originelle dont le récit de la Genèse fait resplendir le signe au front du premier homme, quant à ces facultés supérieures par lesquelles se serait établie tout d'abord, sans transition possible de la bête à nous, la souveraineté du *règne humain*, certaine science les déclare absolument chimériques. Nulle différence de nature entre l'intelligence de l'animal et la nôtre. De part et d'autre, les opérations mentales sont les mêmes, les produits seuls diffèrent : l'homme a plus d'idées, il aperçoit plus de rapports, il généralise davantage ; mais ni l'abstraction, ni le jugement, ni la généralisation ne lui appartiennent en propre. La moralité, la religiosité, qu'on a tenté de maintenir comme suprêmes barrières entre l'animalité et l'humanité, se résolvent pour l'analyse en des conceptions qui ne supposent nullement chez l'homme

Ludovic Carrau

d'autres facultés que celles dont sont doués les mammifères les plus parfaits.

Nous voudrions chercher dans cette étude quelle est, suivant la théorie transformiste, l'origine des idées de l'âme, de l'immortalité, de la vie future. Peuvent-elles sortir, par une évolution naturelle, d'opérations ou de facultés mentales qui nous soient communes avec les animaux ? Ceux-ci sont-ils capables de les former comme nous ? N'impliquent-elles à aucun degré l'intuition d'un principe que l'expérience ne donne pas, le pressentiment d'une destinée qui ne s'accomplit pas tout entière dans les étroites limites du monde sensible ? On voit la gravité du problème. Les questions d'origine, que la prudence de Jouffroy proposait d'ajourner, s'imposent impérieusement au spiritualisme contemporain : de téméraires hypothèses les soulèvent, les résolvent de toutes parts autour de lui ; il faut qu'il les regarde en face et prenne souci d'y faire des réponses qui donnent une force nouvelle aux preuves dont il s'est contenté jusqu'ici. Le temps est passé, nous semble-t-il, où l'on pouvait étudier les idées et les croyances fondamentales qui constituent l'esprit humain sans s'inquiéter des développements successifs, des métamorphoses infinies qui, à travers les siècles, sous l'influence des causes les plus diverses, ont amené ces idées et ces croyances au degré de précision, d'abstraction, de généralité, d'autorité, qu'elles semblent posséder naturellement aujourd'hui. Il faut faire sa place dans notre philosophie au point de vue historique et évolutionniste : la psychologie comparée des races, depuis l'homme primitif jusqu'à l'Européen cultivé du XIXe siècle, doit devenir un des chapitres les plus importants de la science de l'âme. Nous sommes en un mot pour une application aussi large que possible de la méthode expérimentale, qui, entre les mains de Jouffroy et de ses disciples, n'a guère eu d'autre objet que l'étude du moi individuel. A cette condition seulement, les résultats auront toute la valeur d'inductions légitimes et seront à l'abri des chances d'erreur auxquelles une expérience dont la base est trop étroite a tant de peine à se soustraire.

Section I

Pour surprendre à leur origine les idées vraiment essentielles à l'esprit humain, il semble que le moyen le plus sûr, ce soit d'observer les enfants ; mais on s'aperçoit bien vite que la chose n'est pas aussi facile qu'elle en a l'air. Si l'on veut en effet que les observations aient toute la valeur requise, il faut qu'elles-portent sur la première enfance, qu'elles saisissent l'homme en quelque sorte au moment où il vient au monde, où nulle idée d'importation étrangère n'a pu encore pénétrer dans son esprit. Or une telle condition est de tout point irréalisable. Aucun souvenir ne peut remonter jusque-là, et les vagissements du nouveau-né ne nous disent rien de ce qui se passe dans le mystère de son intelligence endormie. Plus tard, quand le premier langage traduira au dehors les premiers essais de la pensée, cette pensée, tout enveloppée de sensations, presque inconnue pour elle-même, sans nulle empreinte de personnalité, sera déjà le reflet plus ou moins fidèle des pensées qui l'entourent et la sollicitent ; l'homme est autrui avant d'être lui-même. Ajoutez que, quelque disposé qu'on soit à ne pas exagérer le rôle de l'hérédité, il est difficile de prouver que l'enfant n'apporte pas, imprimées pour ainsi dire dans les plis de son cerveau, quelques-unes des dispositions intellectuelles de ses parents, de ses ancêtres, de sa race tout entière.

L'enfant ne nous apprend donc rien sur les idées, les dispositions mentales de l'humanité naissante. Aussi a-t-on fini par s'adresser aux peuples sauvages. On croyait saisir là le genre humain près de sa source ; on avait la rare fortune de rencontrer dans des corps adultes des intelligences qu'on se-figurait vierges de toute idée factice, de toute croyance artificielle, ayant de plus à leur service des langues qu'il n'était pas impossible d'interpréter. Les sauvages devinrent bientôt les oracles d'une certaine philosophie.

Locke fut, à notre connaissance, le premier artisan de leur crédit. Il fit servir leur témoignage à battre en brèche les *idées innées* de Descartes. Un vieil argument prétend fonder les principales vérités de la métaphysique, de la morale, de la religion naturelle, sur le consentement universel du genre humain. Locke feuilleta les voyageurs et prouva ou crut prouver que les idées d'un Dieu créateur, d'une âme immortelle, d'une règle absolue des mœurs, sont complètement étrangères à l'esprit d'un grand nombre de peuplades sauvages. La philosophie française du XVIIIe siècle, issue de Locke, le suivit dans cette voie. Les sauvages devinrent à la mode ; on les enrôla contre le rationalisme métaphysique du siècle précédent ; on leur fit dire à peu près tout ce qu'on voulut. Sous la bannière de Jean-Jacques, ils montaient à l'assaut de la civilisation ; sous celle d'Helvétius, ils combattaient pour la morale du plaisir et de l'égoïsme.

L'homme de la nature passe à l'état de personnage d'opposition ; on le pare de toutes les vertus : il est sincère, exempt de préjugés, surtout sensible ; le despotisme des tyrans, la fourberie des prêtres, n'ont pas encore altéré la naïve ingénuité de son âme ni faussé l'heureuse rectitude de son jugement. Il ignore les arts corrupteurs, le joug des conventions sociales, les scrupules d'une pudeur hypocrite. Sur la foi suspecte de je ne sais quel voyageur, Helvétius nous apprend qu'à Siam la loi ordonne aux femmes de s'offrir à tout venant, et le voilà près de s'attendrir au spectacle de cette touchante promiscuité. Toute cette société, raffinée à l'excès, étouffe dans ses salons dorés et rêve les huttes de bambou d'Otaïti.

Par malheur, Otaïti est loin de Paris ; il fallait, sur le compte des sauvages, se contenter de relations d'une exactitude souvent douteuse. Que n'eût-on pas donné pour avoir sous la main un sauvage authentique qu'on pût interroger, examiner à loisir et qui fût le témoignage vivant de cet état de nature célébré par les philosophes, comme autrefois l'âge d'or par les poètes ! Aussi fut-ce un cri de joie quand on apprit qu'on avait découvert dans une forêt de l'Aveyron un vrai sauvage. Les docteurs en idéologie s'apprêtaient à faire l'étude minutieuse d'un si précieux sujet. L'illusion fut de courte durée ; on reconnut que l'homme de la nature n'était qu'un pauvre idiot échappé d'une maison de fous. A la même époque, Palissot avait jeté un juste ridicule sur ces doctrines, qui prétendaient nous offrir comme modèles des ancêtres à quatre pattes, et vers 1780 on parlait déjà moins des sauvages.

D'importants travaux, surtout en Angleterre et en Amérique, les ont récemment remis en honneur. Des explorations nombreuses et répétées chez les tribus indiennes du continent américain, au centre de l'Australie et de l'Afrique, dans les îles de l'Océanie,

Section I

presque jusqu'aux deux pôles, ont accumulé les renseignements les plus précis, les plus variés. L'archéologie préhistorique, la philologie comparée, ont apporté leur contingent de lumières ; le transformisme a fourni, avec quelques faits bien constatés, de séduisantes conjectures, et aujourd'hui les données expérimentales d'une psychologie de l'humanité primitive ne font pas absolument défaut. Ces données, M. Tylor, dans son *Histoire primitive du genre humain*, M. M'Lennan dans son *Mariage primitif*, M. Alger dans son *Histoire critique de la doctrine d'une vie future*, M. de Quatrefages dans son remarquable livre sur *l'Unité de l'espèce humaine*, le duc d'Argyll dans son court et substantiel écrit sur *l'Homme primitif*, M. Lubnock enfin dans ses deux ouvrages si complets, *l'Homme avant l'histoire* et *les Origines de la civilisation*, — les ont habilement mises en œuvre : sans poursuivre tous le même but, sans aboutir aux mêmes conclusions, ils ont employé cette même méthode qu'on pourrait appeler d'expérience psychologique externe, dont l'observation des sauvages constitue l'essentiel procédé.

Nous n'avons nulle envie de mettre en doute l'importance de cette sorte d'observation : elle répond à ce besoin d'enquête historique qui est l'un des caractères éminents et l'un des titres de notre époque. En nous faisant assister aux humbles commencements du développement humain, elle nous permet de suivre la formation lente d'idées et de croyances, qu'on était tenté de regarder autrefois comme autant d'aperceptions *a priori*, de formes de l'intelligence, inexplicables autrement que par une mystérieuse innéité. Elle confirme en bien des cas cette loi de continuité qui est un des postulats de la raison humaine, et dont les évolutionnistes, après Leibniz, mais autrement que lui, s'efforcent de retrouver la présence et l'action dans la totalité des phénomènes observables.

Malheureusement une foule de causes d'erreur rendent fort difficile l'emploi légitime d'un pareil procédé. Les assertions des voyageurs sont souvent suspectes. S'ils ne méritent pas toujours une entière créance quand il s'agit des armes, des habitations, des coutumes, des caractères ethnologiques, des productions et de la faune du pays, avec quelles précautions ne doit-on pas accepter leur témoignage sur les idées morales et religieuses des peuplades qu'ils ont visitées ! Ces idées sont généralement fort confuses dans l'esprit des sauvages ; la langue qui les traduit est des plus rudimentaires :

comment exprimerait-elle les plus simples abstractions ? De plus les sauvages n'aiment pas qu'on les interroge sur certaines choses ; il semble que leurs superstitions leur apparaissent plus terrifiantes quand elles prennent un corps par le langage, ou qu'ils craignent de livrer à la risée des blancs des croyances d'autant plus vénérables pour eux qu'elles les font plus trembler. Ajoutez chez la plupart une invincible paresse d'esprit, une incapacité presque absolue de suivre un certain ordre logique de pensées, qui les rendent indifférents à tout ce qui n'a pas pour objet l'immédiate satisfaction des besoins physiques. Les croyances morales et religieuses sont devenues pour eux comme des coutumes qu'ils observent par tradition sans trop s'inquiéter de leur origine et de leur signification.

A ces difficultés de l'enquête se joignent celles de l'interprétation. Notre état intellectuel, moral, social, religieux, est tellement durèrent de celui des sauvages que nous avons la plus grande peine à entrer dans leur esprit. Voyageurs et missionnaires les abordent avec des idées préconçues, et courent risque de les voir plus ou moins dégradés qu'ils ne sont. En outre il leur arrive de généraliser trop vite et de conclure sans précaution de quelques individus à toute une race. De là sur les mêmes peuplades des renseignements souvent contradictoires.

Admettons enfin que toutes ces causes d'erreur n'existent pas. Supposons que nous ayons aujourd'hui les éléments exacts, complets, authentiques, d'une psychologie des sauvages ; aurions-nous mis la main sur les vraies origines des idées et croyances fondamentales de l'humanité ? Pourrions-nous nous flatter de posséder une image à peu près fidèle, au point de vue moral et religieux, de l'homme primitif ? Nullement, car ici nous avons à compter avec une opinion qui porte le caractère de la probabilité la plus haute : c'est celle qui ne voit dans les sauvages actuels que les débris de races dégénérées. Cette hypothèse fut pour la première fois soutenue avec éclat par M. de Bonald, il l'appuyait principalement sur des arguments de l'ordre théologique. Vivement attaquée par les transformistes, dont la théorie exige impérieusement que l'homme primitif ait été aussi voisin que possible de là brute, elle a trouvé récemment d'habiles défenseurs chez les adversaires de M. Darwin et de son école. Au premier rang se sont placés en Angleterre l'archevêque Whately et le duc d'Argyll.

Section I

L'archevêque Whately part de ce fait, établi suivant lui par l'expérience, qu'aucune race absolument sauvage ne peut d'elle-même s'élever à un état, même peu avancé, de civilisation. Il cite comme exemple les indigènes de la Nouvelle-Zélande, qui « paraissaient être dans un état tout aussi avancé quand Tasman a découvert le pays en 1642 qu'ils l'étaient quand Cook les a visités cent vingt-sept ans plus tard. » L'existence actuelle de nations civilisées prouve donc que les premiers hommes ont possédé un minimum d'industrie, de moralité, de religion, qu'il est difficile de déterminer, mais qui, dans tous les cas, fut bien supérieur au niveau des peuplades aujourd'hui les plus dégradées. Pour Whately, l'homme primitif fut nécessairement pasteur et agriculteur.

Ces assertions sont assez contestables. L'état stationnaire des indigènes de la Nouvelle-Zélande ne prouve rien : une période de cent vingt-sept ans est beaucoup trop courte pour produire un changement appréciable de condition chez les sauvages. Plusieurs faits d'ailleurs établissent jusqu'à l'évidence que ceux-ci sont capables de progrès. De plus, si l'homme primitif avait connu l'agriculture et l'élevage des troupeaux, comment expliquer que, chez un grand nombre de peuplades, deux arts aussi utiles se soient perdus ? Les indigènes de l'Australie, ceux des deux Amériques, ignoraient l'un et l'autre. Dira-t-on que leurs ancêtres plus civilisés ne les ignoraient pas, mais qu'une lente décadence en a peu à peu effacé jusqu'au souvenir ? En ce cas, on trouverait aujourd'hui à l'état sauvage, en Amérique et en Australie, des troupeaux de bestiaux, descend ans de ceux qui auraient été importés à l'origine ; on trouverait tout au moins des squelettes attestant l'existence antérieure d'animaux domestiques, bœufs, moutons, etc. ; or, ni en Australie ni en Amérique, on n'en a jamais découvert aucun. De même nul doute qu'on n'eût découvert des variétés de plantes sauvages témoins de l'antique présence des céréales, si l'agriculture avait autrefois fleuri sur ces deux continents.

Telles sont les solides arguments de M. J. Lubbock contre la thèse de l'archevêque Whately. Le duc d'Argyll maintient les conclusions de Whately, mais en les appuyant de meilleures preuves. Il établit une distinction, heureuse selon nous, entre le degré de savoir et le degré de moralité des races sauvages. Il admet que le savoir a pu à l'origine être à peu près nul et l'état industriel rudimentaire, il abandonne l'hypothèse peu défendable d'un peuple primitif agriculteur et pasteur ; mais il soutient que, dès le premier jour, l'humanité fut pourvue d'idées morales assez pures ; elles furent alors, selon lui, comme elles le sont encore, les conditions essentielles de tout progrès.

Les coutumes barbares et immorales, l'absence de toute religion, que constatent chez certains peuples sauvages les relations des voyageurs, s'expliquent donc uniquement par une décadence plus ou moins profonde. Ce sont les signes et les effets d'une déviation dans le développement humain, et non les caractères naturels d'une première et universelle période de ce développement. Quant aux causes qui ont pu abaisser au-dessous même du niveau primordial ces races déshéritées, le duc d'Argyll les cherche dans l'influence funeste d'un milieu inhospitalier. Reléguées par l'invasion et la conquête à l'extrémité des continents, parmi les rochers volcaniques de la Terre-de-Feu ou dans cette lugubre nuit du pôle nord qui dure six mois, contraintes, pour ne pas mourir, à raidir sans cesse toutes les forces de leur corps et de leur esprit, elles ont dû perdre peu à peu les plus nobles traits de l'humanité. Et de fait, c'est aux extrémités septentrionale et méridionale de l'Amérique, au sud de l'Afrique, chez les Boschimans, les Fuégiens, les Esquimaux, que l'humanité semble le plus près de se confondre dans l'animalité. « L'occupation constante d'un chasseur esquimau, dit le duc d'Argyll, est de se tenir à l'affût, auprès d'un trou dans la glace, pendant de longues heures, avec une température de 30 degrés au-dessous de zéro, attendant qu'un veau marin vienne respirer. Et quand enfin il a frappé sa proie, son seul bonheur est de se gorger de la chair et de la graisse crue de l'animal. Il est presque impossible à l'homme civilisé de concevoir une vie aussi misérable et, sous bien des rapports, aussi brutale que la vie de ce peuple pendant la longue nuit de l'hiver arctique. »

M. Lubbock combat vivement les assertions du duc d'Argyll. A l'en croire, le duc a calomnié les Esquimaux pour les besoins de sa cause, et, invoquant à son tour le témoignage toujours complaisant des voyageurs, M. Lubbock nous montre, sous ces huttes de neige, à la lueur fumeuse et nauséabonde de l'huile de baleine, l'aimable simplicité et toutes les vertus de l'âge d'or. Il remarque en outre que dans les contrées les plus favorisées de la nature, au Brésil par exemple, les indigènes sont plus sauvages que ceux des latitudes polaires. Ce n'est pas uniquement la conquête qui a peuplé de fugitifs les extrémités des continents, c'est encore et surtout l'émigration provoquée par l'accroissement de la population. Ces essaims, successivement détachés de la grande ruche humaine, ne furent pas nécessairement de faibles vaincus : ce furent presque toujours d'énergiques aventuriers, les meilleurs et les plus courageux de la tribu, qui s'en allaient, pleins de confiance, droit devant eux, jusqu'au jour où la terre leur manquait.

Ces vues de M. Lubbock ont leur valeur : il se rencontre avec Buckle dans l'opinion, confirmée par l'histoire, que les pays les plus fertiles, dispensant l'homme de tout effort, sont peu propres au développement de la civilisation. Pourtant il est bien douteux aussi que les climats extrêmes n'opposent pas des obstacles presque invincibles au progrès humain. Il semble difficile de contester qu'à l'origine la guerre et la conquête n'aient eu la plus grande part dans la dispersion des hommes sur la surface entière du globe. D'ailleurs les causes de cette dispersion importent assez peu. Survivants dépossédés des races vaincues ou colons volontaires, les ancêtres des sauvages ont pu également, par des circonstances fort diverses, descendre peu à peu l'échelle de la dégradation jusqu'au point où nous les voyons presque immobiles aujourd'hui.

Quelques faits bien constates permettent de conclure qu'il en fut souvent ainsi. Les Boschimans par exemple ont été présentés par certains voyageurs comme une race à part, la dernière des races humaines. Bory de Saint-Vincent nous les montre tellement abrutis, qu'ils ne peuvent même servir comme esclaves ; sans habitations, nus, errant dans les forêts par petites bandes ou familles séparées, se nourrissant de racines sauvages, d'œufs de fourmis, de lézards, de serpents, d'insectes immondes, à peine sont-ils au-dessus de l'orang-outang. Voilà peut-être le vrai point de départ de l'humanité, l'image fidèle de l'homme au sortir de la brute ! — Informations prises, le tableau a été trouvé beaucoup trop sombre, et des inductions tirées de la comparaison des langues ont établi l'identité de race entre les Boschimans et les Hottentots. Chassés de leur pays à la suite de luttes intestines, ces malheureux Boschimans, de pasteurs qu'ils étaient, sont devenus voleurs ; traités en bêtes fauves, ils en ont pris l'aspect et les mœurs.

Ludovic Carrau

Leurs ancêtres n'avaient pas 'subi cette honteuse dégradation, et n'étaient pas sans doute inférieurs à ces Hottentots modernes sur l'intelligence et la moralité desquels Kolben nous a laissé des témoignages presque flatteurs.

Ce fait, signalé par le docteur Prichard, d'autres encore recueillis par M. Tylor, donnent un grand poids à l'opinion que les races qui occupent aujourd'hui les derniers degrés de l'échelle humaine sont tombées fort au-dessous du niveau primitif. Il est d'ailleurs impossible de concevoir que l'homme ait jamais vécu en dehors de toute société, fût-ce la plus étroite, la famille, et toute société implique, chez ceux qui la composent, certaines notions morales élémentaires, les idées de justice, de droit et de devoir. Ces idées, à leur tour, en impliquent d'autres, celles d'une sanction de la vie future, d'un être rémunérateur et vengeur. Les concepts moraux essentiels à l'humanité s'enchaînent par les liens d'une déduction invincible ; poser l'un d'eux, c'est les poser tous. Sans doute, à l'origine, cette déduction ne fut pas clairement aperçue, une intuition aussi vive qu'indistincte précéda l'analyse et la réflexion, mais le fait primordial et vraiment caractéristique de l'esprit humain fut la conscience immédiate d'une règle du bien et du mal, quelles qu'en aient été les applications particulières, et de ce fait découla, selon nous, l'ensemble des doctrines religieuses et des croyances relatives à la destinée de l'âme après la mort.

Ce sont là, il est vrai, des considérations *a priori* ; elles ne nous dispensent pas de suivre les transformistes sur leur propre terrain et de discuter l'explication qu'ils prétendent fournir. C'est ce que nous allons faire ; mais auparavant il était indispensable de réduire à leur juste valeur les inductions tirées de l'état mental des sauvages contemporains. Il fallait prouver que ceux-ci n'ont aucun titre pour représenter à nos yeux l'humanité primitive, et fût-il établi que la croyance à l'immortalité de l'âme est totalement étrangère à certaines peuplades, on n'en saurait légitimement conclure qu'elle n'est pas un des caractères distinctifs de l'espèce humaine, et qu'elle n'est autre chose que le produit ultérieur et pour ainsi dire accidentel de facultés qui nous sont communes avec les animaux.[1]

---

1 Il est probable du reste que le nombre des peuplades et des races étrangères à ces croyances a été fort exagéré. « Il n'y a pour ainsi dire pas une nation de la Guinée,

Section II

La mort est un phénomène qui imprime une violente secousse à toute imagination. On a peine à concevoir l'impression qu'il dût faire sur l'esprit des premiers hommes. Ce chef de la tribu, si fort, si redoutable, presqu'un dieu pour les siens, le voilà raide, immobile, glacé. Parmi tant d'épouvantes qui assiègent de toutes parts le malheureux sauvage, celle-là fut la plus terrible. La nuit, les cerveaux sont hantés par l'image du mort, et, comme il arrive en songe, on le voit plus grand, plus vigoureux ; il semble, comme dit Lucrèce, mouvoir des membres plus vastes, posséder une vie plus pleine, être invulnérable à tous les coups. Au réveil, on s'interroge, on se communique les visions du sommeil : le chef est vivant, puisqu'on l'a vu ; ces intelligences ignorantes distinguent mal entre les fantômes imaginaires qui flottent dans le crépuscule des rêves et les réalités que les sens perçoivent. Pourtant le cadavre est là : on l'assied dans sa hutte, devenue chambre funéraire ; ce n'est pas ce corps inerte qui a triomphé de la mort : qu'est-ce donc ? On forme qui lui ressemble, quelque chose sans doute qui vivait, se mouvait avec lui, et s'est brusquement séparé de lui, son *ombre* peut-être ? Oui, car au coucher du soleil, à cette heure où l'imagination se sent envahir par les vagues inquiétudes de la nuit, l'ombre est plus grande que le corps auquel elle s'attache : plus grande aussi que son corps était l'image du chef apparu. De là cette croyance, universelle dans l'enfance des peuples, que ce qui survit à l'homme, c'est son ombre ; de là aussi l'opinion de certaines tribus sauvages, que les cadavres ne font pas d'ombre au soleil.

Voilà, selon M. Spencer, — reproduisant, sans s'en douter, une vieille théorie de Lucrèce sur la formation de l'idée des dieux, — voilà, selon l'école transformiste, le point de départ de la croyance à

dit Prichard, qui ne croie que l'âme est immortelle, qu'elle continue à vivre après la séparation du corps, qu'elle a certains besoins, accomplit certaines actions et est capable spécialement d'éprouver du bonheur ou du malheur. » Quant aux peuples civilisés de l'ancien monde, M. Henri Martin a vigoureusement réfuté l'opinion de ceux qui prétendent qu'on ne trouve pas trace dans les livres saints des Hébreux de la croyance à l'immortalité, et tout récemment M. Ravaisson, dans un beau mémoire sur les *Monuments funéraires chez les anciens*, a montré que certaines scènes des monuments grecs, appelées généralement des *adieux*, expriment au contraire une foi très manifeste à une réunion ultérieure.

Ludovic Carrau

la vie future. Est-il donc besoin, pour en expliquer l'origine, d'avoir recours à je ne sais quel instinct supérieur, privilège exclusif de l'espèce humaine ? L'imagination et le rêve suffisent. Or certains animaux rêvent et imaginent. M. Darwin avait un chien qui témoignait sa frayeur en voyant remuer l'ombre d'un parasol. De la peur des ombres à celle des esprits, il n'y a qu'un pas. La croyance à l'immortalité est en germe dans le cerveau du chien.

Suivons maintenant les développements naturels que cette croyance dut prendre dans l'esprit humain. Il est possible qu'à l'origine les sauvages, fascinés par le prestige que la puissance des chefs exerçait sur leur imagination, leur aient attribué le privilège à peu près exclusif de l'immortalité. En effet, selon le témoignage de M. Lubbock, « aux îles Tonga, les chefs sont immortels, les Toas ou peuple sont mortels ; quant à la classe intermédiaire ou Mooas, il y a grande différence d'opinion. » Mais la piété filiale dut être aussi forte et produire les mêmes effets que le respect inspiré par les chefs. Comment croire que l'image des parents morts n'ait pas visité le sommeil des enfants ? Et comment la tendresse filiale n'eût-elle pas accueilli avec joie l'espérance à laquelle l'illusion du rêve semblait l'inviter ? L'amour ne se résigne pas à l'anéantissement de l'objet aimé. Les parents morts existent donc encore ; mais cette existence ne dure pas plus longtemps, selon l'opinion primitive, que leur souvenir dans l'âme de leurs enfants. On trouve chez certaines peuplades sauvages la croyance que les parents survivent, mais non les grands-parents.

La plus simple des analogies, le désir de retrouver plus tard les êtres aimés, l'horreur instinctive du néant, conduisirent promptement l'homme à penser que quelque chose de lui devait subsister après sa mort. D'ailleurs ce même phénomène du rêve, point de départ de toute cette série d'inductions, ne lui prouvait-il pas que sa pensée pouvait quitter son corps immobile et se trouver instantanément transportée, aux contrées les plus éloignées ? « Les Dayaks, dit M. Saint-John, cité par M. Tylor, regardent les songes comme des évènements réels. Ils croient que pendant le sommeil l'âme tantôt reste dans le corps, tantôt l'abandonne et voyage au loin ; ils pensent aussi que, soit qu'elle demeure dans le corps ou s'en éloigne, elle voit, entend, parle et possède une prescience dont elle ne jouit plus à l'état de veille. Les évanouissements sont regardés comme produits par le départ de l'âme, occupée à quelque lointaine expédition. Lorsqu'un Européen rêve à sa patrie absente, les Dayaks pensent que son âme a supprimé l'espace et a rendu une rapide visite à l'Europe durant la nuit. Un grand nombre de tribus croient d'une manière analogue que les songes sont des incidents qui surviennent à l'âme pendant ses excursions hors du corps, et cette idée se traduit par une répugnance superstitieuse à réveiller un dormeur, dans la crainte de bouleverser son corps. Le père Charlevoix a trouvé simultanément les deux théories en question chez les Indiens de l'Amérique du Nord. Un songe peut être ou bien une visite faite par l'âme à l'objet dont on rêve, ou bien une vision de l'une des deux âmes du dormeur pendant son voyage à travers le monde ; chaque homme en effet a deux âmes dont l'une reste toujours dans le corps. Les mêmes Indiens pensent que les songes sont d'origine surnaturelle, et que c'est un devoir religieux d'y conformer sa conduite. Ils ne peuvent comprendre que les blancs traitent les songes comme une chose sans conséquence. »

On voit par là toute l'importance du rêve dans la formation des idées relatives à l'existence de l'âme, à ses fonctions et à sa destinée après la mort. Les philosophes pensent avec raison que, pour prouver l'immortalité de l'âme, il faut établir d'abord qu'elle peut exister indépendamment du corps ; cette démonstration préliminaire, l'humanité naissante crut la voir dans le fait mystérieux du rêve. On retrouverait la trace vivante de ces croyances jusqu'aux époques les plus civilisées. Platon, Cicéron, toute l'antiquité, tout le moyen âge, sont convaincus que le sommeil nous met en relation directe avec les esprits des morts, les êtres surnaturels, et voilà qu'aujourd'hui même un homme formé pourtant aux sévères méthodes de la science contemporaine, M. Figuier,[1] nous propose de revenir purement et simplement à ces antiques traditions. Dans ce phénomène du sommeil, la physiologie ne voit plus qu'un état particulier du cerveau, ce qui fournit aux matérialistes un de leurs plus spécieux arguments ; il serait assez remarquable qu'il eût donné naissance au spiritualisme.

Mais l'idée philosophique de l'immortalité fut lente à se dégager des naïves et grossières croyances qui furent son berceau. Cette ombre séparée du cadavre, qui, affectueuse ou terrible, visite

---

1 *Le Lendemain de la mort*, Paris 1871.

Ludovic Carrau

la nuit les vivants, est encore toute matière, matière subtile et insaisissable, vapeur ou fumée, dont le moindre choc peut dissiper la fragile existence. Aussi l'hiver, quand siffle la rafale, et que la tempête déchaîne au loin ses colères, le sauvage, enfermé dans sa pauvre hutte, la pensée toute pleine de celui qui vient de partir, croit entendre au dehors comme, des gémissements humains ; c'est l'âme que bat la tourmente, et dont les vents emportent peut-être la vie précaire avec les lambeaux déchirés. Ces terreurs primitives laissèrent longtemps leur empreinte sur les imaginations. Dans l'entretien suprême de Socrate avec ses disciples, ceux-ci, des sages pourtant, semblent craindre pareille disgrâce pour l'âme adorée du maître,[1] et Virgile nous montre aussi les âmes se déployant au vent, comme des voiles de navire, pour se purifier de leurs souillures.

Panduntur inanes

Suspensæ ad ventos.

L'ombre matérielle a dû conserver les appétits, les besoins et les goûts de son existence terrestre. Elle a faim et soif ; aussi met-on dans le tombeau, près du cadavre assis, de quoi boire et manger. Cette coutume paraît bien avoir été universelle ; de là les banquets funèbres, si souvent figurés sur les monuments et les vases de l'antiquité classique ; de la les libations aux mânes du défunt. Chez certaines tribus sauvages, quand un enfant meurt, la mère vient presser ses mamelles gonflées sur le tertre qui recouvre le corps, et laisse couler à travers le sol, comme pour ranimer les lèvres glacées du petit être, la nourriture tout imprégnée d'amour et de vie. Si le mort était un guerrier, un puissant, il faut à son ombre les armes, les femmes, les esclaves qu'il avait ici-bas ; mais les êtres vivants ne- peuvent accompagner le mort qu'en devenant eux-mêmes des ombres : on les immole. Quelquefois oh égorgeait des prisonniers sur le tombeau d'un chef, simplement pour lui faire cortège dans l'autre monde ; c'était donner à son ombre une sorte de garde d'honneur formée d'ombres. Achille, dans l'*Iliade*, ensanglante ainsi les funérailles de son ami Patrocle.

---

1 « Il me paraît… que vous craignez, comme les enfants, que, quand l'âme sort du corps, les vents ne l'emportent, surtout quand on meurt par un grand vent. — Sur quoi Cébès se mettant à rire : — Eh bien ! Socrate, prends que nous le craignons, ou plutôt que ce n'est pas nous qui le craignons, mais qu'il pourrait bien y avoir on nous un enfant qui le craignit… etc. » (*Phédon*.)

Section II

Une induction fort naturelle conduisit à penser que les animaux ont aussi des âmes. Comme nous, ils vivent et se meuvent : la mort doit donc laisser subsister d'eux ce qui subsiste de nous-mêmes, un fantôme, une ombre, ayant des facultés analogues, supérieures peut-être à celles que manifestait le vivant. Il semble en effet que les sauvages révèrent, avec une sorte de terreur superstitieuse, dans l'animal un principe qui devient plus puissant par la mort. Aux poissons qu'ils ont pris dans leurs filets, aux bêtes qu'ils ont blessées de leurs flèches, les indigènes de l'Amérique du Nord adressent des prières et des excuses. Les Hurons promettaient aux poissons, s'ils consentaient à se laisser prendre, de rendre tous les respects possibles à leurs arêtes.[1] Il est clair que ce que les sauvages redoutent et implorent ainsi, ce n'est pas la malheureuse bête désarmée dont ils vont faire leur nourriture, c'est l'âme qu'ils placent en elle, âme qui, dégagée du corps, va peut-être déployer contre eux des pouvoirs inconnus et les persécuter de sa vengeance.

Ces idées expliquent l'usage presque universel aux époques héroïques de sacrifier sur la tombe des chefs et des guerriers leurs chevaux de prédilection ; nous en trouvons des exemples jusque dans la deuxième moitié du XVIIe siècle : aux funérailles de Jean-Casimir de Pologne, son cheval fut égorgé solennellement. De même quand un enfant vient de mourir, les Groënlandais ont l'habitude de tuer un chien, pour que l'ombre sagace de l'animal serve de guide dans l'autre monde à l'âme inexpérimentée et peureuse du défunt.

Mais l'analogie alla plus loin encore, et attribua une âme même aux objets inanimés. On trouve souvent dans les plus anciens *tumuli* des armes qui évidemment ont été brisées à dessein. Ce fait paraît avec raison à M. Lubbock la preuve que ces peuplades croient, en brisant les objets, les faire mourir, et qu'alors, non pas l'objet lui-même, mais son ombre sert dans l'autre monde au défunt.

---

1 Chez les Hurons, « les ossements du castor étaient l'objet d'une tendresse particulière, et on les dérobait soigneusement aux chiens, de peur que l'esprit du castor défunt ou ceux de ses confrères survivants n'en prissent ombrage. — M. Kinney rapporte la stupéfaction d'un groupe d'Indiens auxquels on montra un daim empaillé ; croyant que son esprit serait offensé de cet indigne traitement de ses restes, ils l'entourèrent en lui faisant mille excuses et en fumant devant lui en guise d'offrande expiatoire. » (*Les Pionniers français de l'Amérique du Nord*, par Parkman, introduction, p. LV.)

Ludovic Carrau

Celui-ci, passé à l'état de fantôme, ne pourrait faire usage d'arcs, de flèches, de haches, de couteaux, tels que ceux qu'il employait pendant sa vie ; mais des ombres conviennent à une ombre, et l'homme retrouve après sa mort, impalpables et pourtant matériels comme lui, tous les objets qui lui furent chers ici-bas. Chasseur, il pourra, dans les plaines sans fin, poursuivre et percer un gibier sans cesse renaissant ; guerrier, il livrera d'interminables batailles où les forces ne s'épuisent jamais, où les blessures guérissent d'elles-mêmes ; enfant, il aura sa poupée, que sa mère pleurante a déposée près de lui dans son tombeau.

Ainsi, parallèlement au monde réel, on fut amené à concevoir un monde d'ombres et de fantômes, image exacte de l'autre. Quand Scarron, parodiant Virgile, fait la description burlesque des champs élysées, où

L'on voyait l'ombre d'un cocher

Qui tenait l'ombre d'une brosse,

Et frottait l'ombre d'un carrosse,

il exprime, sans le savoir, une conception à laquelle s'arrêta sérieusement l'esprit humain pendant la première phase de son développement.[1]

Dans cette croyance bizarre et pourtant naturelle, on a voulu voir le germe de ce qui sera plus tard le monde intelligible de Platon. La subtile et profonde théorie des idées ne serait en quelque sorte que la traduction scientifique des grossières opinions des sauvages. Les ressemblances en effet ne manquent pas. D'abord le mot même qui, dans le langage de Platon, exprime la réalité intelligible, εἶδος, ἰδέα, veut dire au propre *image* ou *fantôme* ; puis Platon, on le sait, reconnaît des *idées* de toutes choses, même des objets inanimés, même de ceux qui sont fabriqués par la main de l'homme : il est

---

1 « A Tonga, dit Mariner, cité par M. Lubbock, on suppose que les âmes vont au Bolotou, une grande île située au nord-ouest, île émaillée de toute sorte de plantes utiles et magnifiques, produisant toujours les fruits les plus délicieux, les fleurs les plus splendides, et, dès que l'on cueille ces fleurs et ces fruits, d'autres viennent immédiatement les remplacer... L'Ile de Bolotou est si éloignée, qu'il serait dange-reux pour les canots des indigènes de s'aventurer jusque-là... Ils croient cependant qu'un canot parvint une fois à atteindre le Bolotou. L'équipage débarqua, mais dès que les hommes voulurent toucher à quelque chose, ils ne purent rien prendre, tout disparaissant comme une ombre. Aussi, sur le point de mourir de faim, ils durent se rembarquer, et ils parvinrent heureusement à revenir sains et saufs. »

Section II

question dans la *République* de l'idée du lit. — Mais ceux qui font de pareils rapprochements oublient que pour Platon l'*idée* n'est rien de matériel, qu'elle échappe à toute prise des sens et ne peut être perçue que par la plus haute faculté de l'intelligence, l'intuition rationnelle. L'*ombre* des sauvages au contraire est encore matière ; impalpable, elle est pourtant visible. Pour établir la moindre filiation entre des conceptions d'ordre si profondément opposé, il faudrait prouver que la sensation ou son résidu, l'hallucination du rêve, peut d'elle-même, et sans le concours d'opérations supérieures que la sensation n'engendre ni n'explique, introduire l'esprit dans la sphère des vérités absolues, éternelles, immuables, de ces choses en un mot dont les caractères excluent précisément tous ceux de la réalité matérielle et sensible.

Et pourtant, au fond des grossières croyances dont nous venons de faire le rapide exposé, il y a, selon nous, un élément suprasensible que les transformistes n'ont pas aperçu, et qui suffit pour rendre incomplète et vicieuse l'explication qu'ils prétendent donner de l'origine des opinions relatives à l'immortalité de l'âme. Cet élément, c'est l'idée de permanence, de substance, qu'éveille d'abord en nous le sentiment intérieur. Qu'est-ce donc qui fait l'homme, j'entends l'homme moral, sinon qu'il est une personne, qu'il peut dire *moi* ? Et comment dirait-il *moi*, s'il ne se distinguait de ce qui l'entoure, et si, par-delà les sensations qui, simultanées ou successives, viennent de toutes parts faire impression sur lui, il ne saisissait en lui-même, plus clairement à mesure qu'il se développe, quelque chose qui demeure immobile, identique, invariable, une réalité vivante qui ne s'épuise ni ne se disperse dans la multitude des phénomènes attestés par la conscience ou rappelés par la mémoire ? Voilà le premier fondement de toute croyance à une âme immortelle, et voilà pourquoi l'animal ne peut s'élever jusque-là. Emporté par le torrent des sensations que les objets extérieurs ou les instincts font naître en lui, l'animal est incapable de se ressaisir, de se poser par un acte de réflexion en face de ces hallucinations qui l'obsèdent ; il est, pour ainsi parler, successivement chacune d'elles ; il ne dit pas *moi*, il n'est pas une personne.

Dans la formation de la croyance à la survivance de l'âme, j'accorde toute l'importance, qu'on voudra aux phénomènes du sommeil, à l'horreur instinctive de la mort, en un mot à tout ce qui, dans notre nature, nous est commun avec la bête ; mais tout cela ne suffit pas. S'il n'eût porté en lui-même comme un pressentiment d'immortalité, l'homme aurait eu beau voir en songe l'image de son père ou du chef de sa tribu : en retrouvant le lendemain le cadavre immobile à la même place, il eût convaincu son rêve d'erreur et se fût résigné à penser que tout est bien fini avec le dernier soupir. De plus, en admettant qu'à l'origine le genre humain, dans son ignorance, ait donné aux rêves une créance absolue, les progrès de l'expérience, du savoir, l'auraient à mesure affaiblie et détruite : la foi dans l'immortalité de l'âme aurait ainsi peu à peu disparu, et depuis longtemps il n'en serait plus question. Si donc, même aujourd'hui, l'homme s'obstine à penser qu'il ne meurt pas tout entier, c'est qu'il y a dans cette espérance autre chose qu'une illusion de sauvages : il la puise aux sources vives de sa conscience, dans l'infaillible sentiment qu'il a de sa propre personnalité. Par une fausse induction, il peut avoir attribué primitivement à tous les êtres, même aux objets inanimés, une âme semblable à la sienne ; mais la science les en a bientôt dépouillés. Elle n'a pu, elle ne pourra jamais arracher à l'homme la conviction qu'il survit à son corps, parce qu'il se sent d'autre nature que ce qui meurt en lui.

Section III

Nous venons de signaler, dans la formation des croyances relatives à l'immortalité, le rôle d'un élément que la théorie transformiste néglige parce qu'elle est impuissante à l'expliquer. Il en est un autre dont elle ne paraît pas non plus tenir compte et qui est peut-être plus essentiel encore, c'est l'élément moral.

Il est remarquable que M. Lubbock, dans son important ouvrage, *les Origines de la civilisation*, mentionne à peine les idées des sauvages sur les peines et les récompenses de la vie future. L'auteur, qui est darwinien, s'est peut-être senti embarrassé pour expliquer ces opinions significatives par les principes du transformisme : il est en effet difficile de supposer qu'il ait ignoré les témoignages nombreux et frappants recueillis par le docteur Prichard, et plus récemment par M. Alger.

On ne peut guère douter que la croyance à une justice distributive dans l'autre monde ne soit aussi ancienne, aussi générale que celle qui affirme la survivance de quelque chose de nous après la mort ; parfois même elle atteste chez d'ignorants sauvages une délicatesse de sens moral dont on peut à bon droit s'étonner.

Nous ne voudrions présenter ici que les traits les plus saillants et les plus caractéristiques des opinions primitives sur la destinée de l'âme après cette vie. Selon M. Alger, les Fuégiens, ces sauvages que quelques voyageurs nous dépeignent comme les derniers des hommes, à peine au-dessus de la brute, pensent que l'âme comparaît devant le tribunal de *Ndengei*. Debout près de Ndengei est un géant énorme : armé d'une hache, il cherche à mutiler, à tuer les âmes qui se présentent au jugement.

Dans presque toutes les mythologies primitives, on retrouve, sous une forme plus ou moins grossière, l'idée d'une première épreuve qui précède pour les âmes celle du jugement. Ainsi les Groënlandais pensent que l'âme, après sa mort, erre pendant cinq jours autour d'un affreux rocher couvert de sang caillé. « Les traditions des Hurons, dit M. Parkman, s'accordent pour représenter le voyage des âmes entouré de difficultés et de périls ; il leur fallait traverser une rivière rapide, sur une poutre tremblant sous leurs pas, pendant qu'un chien, gardien féroce, s'opposait de l'autre rive à leur passage et cherchait à les précipiter dans l'abîme. Cette rivière était pleine d'esturgeons et de poissons que les ombres harponnaient pour leur subsistance ; au-delà, se voyait un étroit sentier serpentant entre des rochers mouvants, qui s'écroulaient sous eux, écrasant sous leurs débris les moins agiles des pèlerins. » Selon les nègres aminants, les bons esprits eux-mêmes sont obligés, avant d'aller à Dieu, de subir les persécutions des mauvais esprits ou *didis*, qui cherchent à les saisir et à les entraîner. De là l'usage de consacrer des offrandes à ces *didis* pour satisfaire à leurs exigences. De même, dans la mythologie classique, il faut, au seuil du monde infernal, apaiser les trois gueules de Cerbères — Sous toutes ces croyances diverses, n'y a-t-il pas l'idée que l'homme, si vertueux qu'il ait été ici-bas, emporte toujours quelque souillure que l'expiation doit effacer, et n'est-ce pas là comme une informe ébauche de la doctrine du purgatoire ?

La notion du jugement ne se présente pas partout sous l'imagé d'un juge et d'un tribunal. Quelquefois la sentence résulte simplement de la facilité avec laquelle l'âme triomphe des obstacles qu'elle rencontre sur sa route. Certains nègres de Guinée sont convaincus qu'au sortir de cette vie chaque âme est accompagnée par deux esprits, l'un bon, l'autre mauvais. Sur le chemin qu'elle parcourt, il est un passage dangereux : un mur se dresse en travers. L'âme pieuse, aidée par le bon génie, franchit le mur aisément ; l'âme perverse s'y brise la tête. C'est une conception fort analogue à celle du fameux pont *Al-Siral* des musulmans.

Le monde infernal est ordinairement un lieu sombre et souterrain. Il est gouverné par un roi, quelquefois par une reine ; les Groënlandais par exemple croient à une sorte de Proserpine qui trône au fond d'une caverne, entourée de monstres marins. Les damnés servent de pâture aux démons, ou bien traînent une existence lamentable, se nourrissant de cendres, de serpents, de lézards et de papillons.

Un des châtiments les plus fréquents des âmes qui ont mal vécu, c'est de revenir sur terre, d'errer autour des demeures qu'elles habitaient ici-bas, d'épouvanter et de tourmenter les vivants. Selon certaines tribus nègres, les âmes qui sont devenues la proie des mauvais esprits remplissent l'air de tumulte, font du bruit dans les Buissons, troublent le sommeil de ceux qu'elles haïssent. Si une âme apparaît trois jours après la mort, on en conclut qu'elle n'est pas allée à Dieu, et le cadavre est brûlé sans honneur. Mais les âmes des bons ne reviennent pas : Socrate dans le *Phédon* dit la même chose. N'est-ce pas une vue d'une moralité profonde et délicate que le principal châtiment de ceux qui ont fait le mal en cette vie, c'est de rester malfaisants après leur mort ?

Quant aux félicités des âmes vertueuses, les croyances varient suivant la nature des misères auxquelles les sauvages sont en proie pendant cette vie. L'Esquimau, glacé par l'éternel et implacable hiver du pôle, rêve un été sans fin, un soleil qui ne se voile jamais, une abondance intarissable de volailles et de poissons. Sa terre est trop nue, son ciel trop lugubre, pour qu'il songe à y placer son paradis ; c'est dans les abîmes de l'océan que le cherche sa naïve reconnaissance, car c'est l'océan qui le nourrit. Le Kamtschadale aspire après sa mort à un Kamstschatka idéal, riche en poisson et en gibier, sans volcans, sans marais, et surtout sans Russes ni Cosaques. Là seront réparées toutes les inégalités d'ici-bas, là

Section III

celui qui n'avait sur terre que peu de chiens (c'est le plus précieux auxiliaire de ces pauvres gens) en possédera un grand nombre affranchis de la fatigue et de la mort. Pourtant c'est dans le ciel que l'imagination primitive s'est presque toujours figuré la demeure des bienheureux. La voie lactée en est la route, et les sauvages du pôle croient voir des danses d'esprits célestes dans les mystérieux frémissements de l'aurore boréale.

Quelles vertus méritent le paradis, quels crimes sont dignes de l'enfer ? Ici, il faut l'avouer, les idées sont assez vagues. Les sauvages ont sans aucun doute conscience d'une distinction primitive, absolue, entre le bien et le mal ; mais la qualification des actes particuliers diffère beaucoup selon les peuplades, les climats, les degrés de civilisation. En général, ceux-là paraissent avoir conquis des titres à une meilleure existence qui ont été braves et adroits dans les combats. Les services rendus à la tribu, dont l'existence est si précaire au milieu des luttes incessantes qu'il lui faut soutenir avec d'implacables voisins, passent avant tous les autres ; puis viennent parmi les plus glorieux mérites les exemples de courage et de succès dans la perpétuelle bataille contre les dures nécessités de la vie physique. On va au ciel, selon les Esquimaux, pour avoir dompté beaucoup de veaux marins, bravé les mers et les tempêtes : n'est-ce pas encore travailler au bien des autres que de leur montrer comment on triomphe d'une nature ennemie ? Les femmes qui meurent en couches ont aussi gagné le paradis, car elles aussi ont vaillamment payé leur dette à la communauté, et par une pitié touchante l'infortune suprême de quitter la vie au moment d'être mères leur est comptée pour une vertu.

Réciproquement ce sont les faibles et les lâches, et, chez les peuplades déjà plus civilisées, les parjures, les meurtriers, les adultères, qui méritent avant tous les autres de descendre au séjour infernal. Sous la contrainte des plus impérieux besoins de l'homme plaça d'abord presque toute la morale dans l'accomplissement des actes utiles pour assurer son existence et celle de la tribu dont il faisait partie ; mais peu à peu, et à mesure qu'il parvint à subsister au prix de moindres efforts, des besoins supérieurs s'éveillèrent dans son âme ; il prit de sa dignité une conscience plus claire et plus délicate, et de nouveaux devoirs lui apparurent qui, accomplis ou violés, le rendraient digne dans une autre vie de récompenses

Ludovic Carrau

moins grossières ou de châtiments moins matériels. Notre intention n'est pas de suivre dans ses progrès ultérieurs le développement des croyances relatives à la destinée de l'âme ; nous avons essayé de montrer que la théorie transformiste est loin de donner de l'origine de ces croyances une suffisante explication. Nous avons mis en lumière deux éléments essentiels dont elle ne rend pas compte : la conscience qu'a l'homme d'être une personne permanente, identique, capable de dire *moi*, et la conception d'une justice réparatrice au-delà de cette vie. Ni l'une ni l'autre de ces deux notions ne peut se ramener à ces illusions du sommeil et de l'imagination ignorante, qui, selon les transformistes, donnèrent seules naissance à l'idée d'une âme immortelle. L'animal est également incapable de les concevoir, car s'il ne peut, dans le courant des sensations qui fatalement l'entraînent, saisir une personnalité distincte de ces sensations mêmes, il ne peut davantage, et par le même motif, s'élever à l'intuition absolue d'une loi obligatoire et des sanctions qu'elle suppose.

Entre ces deux éléments supérieurs, impliqués dans la croyance à l'immortalité, l'analyse découvre le plus intime rapport. En effet, si l'homme a conscience d'être une activité libre, il ne se peut qu'il ne conçoive en même temps la loi de cette liberté ; et, d'autre part, c'est sans doute parce qu'il eut dès l'origine l'idée de cette loi qu'il prit conscience de sa liberté et de sa personnalité. Il est probable que la première alternative entre deux déterminations également possibles, l'une approuvée, l'autre condamnée par le sens moral, lui révéla du même coup la loi obligatoire gravée au plus profond de son être, et le caractère éminent de sa propre nature, capable d'obéir ou de se soustraire à cette loi.

C'est donc la conception d'une règle des mœurs qui est le fait distinctif, l'exclusif privilège de notre espèce. C'est d'elle que découlent véritablement toutes les croyances dont nous avons retracé dans cette étude un rapide tableau. Naïves et grossières à l'origine, elles portent cependant l'empreinte de la noblesse essentielle au genre humain. Par les progrès de la réflexion et de la moralité, elles s'épurent et se spiritualisent à mesure : l'âme cesse d'être un fantôme pour devenir une essence vraiment immatérielle, le paradis et l'enfer ne sont plus que la possession ou la privation de la vérité et de la perfection suprêmes ; mais ces progrès attestent que

Section III

le fonds même de telles croyances est impérissable : aux rayons de la science se sont évanouies les superstitions primitives ; le dogme d'une vie future et d'une souveraine justice n'a pas pâli devant eux. Et quelle science en effet pourrait jamais forcer l'homme à croire que la mort l'engloutit tout entier, que ses misères sont sans espérance et que toute justice se consomme ici-bas ?

ISBN : 978-1542710282

Ludovic Carrau

www.ingramcontent.com/pod-product-compliance
Lightning Source LLC
Chambersburg PA
CBHW072028280526
45788CB00007B/2721